Lucy-Kissa Ja Cristiano

PERTTI PIETARINEN

Copyright © 2018 Pertti Pietarinen
All rights reserved.

Kustantaja: Papan Publishing, 2018

ISBN-13: 978-952-7304-08-2

Muita kirjoja Pertti Pietariselta:
Suomeksi:
Kissa Kiiskinen sankarina ja muita satuja: ISBN 978-9522303141, 2014; http://www.adlibris.com/fi/kirja/kissa-kiiskinen-sankarina-ja-muita-satuja-9789522303141

Lucy-kissa, Lucy The Cat: ISBN 978-1497535633, 2014
http://www.amazon.com/dp/B00JPSSY2E

Lucy-kissa ja pikkuveli: ISBN 978-1502764096, 2014
http://www.amazon.com/dp/B00OHDBYW4

Lucy-kissa leiki kanssani: ISBN 978-1507563403, 2015
http://www.amazon.com/dp/B00STZ3CRQ

Lucy-Kissa ja pikku sisarukset: ISBN 978-9523189782, 2015
http://www.amazon.com/dp/B015SRKNDS

Lucy-Kissan joulu: ISBN 978-9523189942, 2015 ISBN 978-1502399366, 2015
http://www.amazon.com/dp/B017DCXLKI

Lucy-Kissan Hurmaava Sushihetki: ISBN 978-9523309142, 2016
http://www.amazon.com/dp/9523309145

Tapahtukoon tahtosi, ISBN: 978-9522365040, 2017
http://www.adlibris.com/fi/kirja/tapahtukoon-tahtosi-9789522365040

Jumalan Lapsena: ISBN 978-9527304020, 2018

Jumalan Valtakunta: ISBN 978-9527304068, 2018

In English:
Lucy The Cat: ISBN 978-1494444136, 2014
http://www.amazon.com/dp/B00IARLDCY

God's Children: ISBN 978-9527304006, 2018

Kingdom Of God: ISBN: ISBN 978-9527304044, 2018

Lucy The Cat: Little Brother: ISBN 978-1500770396, 2014
http://www.amazon.com/dp/B00MQI99N8

Lucy The Cat Play With Me: ISBN 978-1505607000, 2015
http://www.amazon.com/dp/B00STTT01Y

Lucy The Cat And Little Kittens: ISBN 978-1515385288, 2015
http://www.amazon.com/dp/B014FPTOM0

Lucy The Cat Christmas: ISBN 978-1517153700, 2015
http://www.amazon.com//dp/B0178BBRCS

Lucy The Cat Sushi Time: ISBN 978-1532867163, 2016
http://www.amazon.com/dp/B01FG17V4K

Lucy The Cat Beauty And The Feast: ISBN 978- 1539533993, 2017
http://www.amazon.com/dp/1539533999

Lucy The Cat in Tokyo: ISBN 978-1974145355, 2017
http://www.amazon.com/dp/1547269308

Lucy The Cat in Tokyo 2: ISBN 978-1977655752, 2018
http://www.amazon.com/dp/1977655750

Lisätietoja:
http://www.pietarinen.org
https://www.facebook.com/lucythecat
https://www.facebook.com/GodsChildrenBook
https://www.facebook.com/KissaKiiskinen

Pidätkö sinä kissoista?
Minä rakastan niitä kaikkia.
Mustia ja valkoisia.
Pieniä ja suuria.
Ja myöskin raidallisia.
Pörröturkki on ihana.
Kaikki ovat suloisia.
Tässä tulee Lucy-kissa.
Lucy-tyttö, ystäväni.
Kerro nyt tarinasi.
Sinunhan tämä kirja on.

Hei! Nimeni on Lucy – ihan virallisesti olen Bella Luce, mutta koska kaikki kutsuvat minua tuttavallisesti Lucyksi, niin sinäkin saat kutsua minua niin. Rotuni on Pyhä Birma. Huomaatko kasvojani koristavan tumman ristikuvion? Tässä kuvassa olen 4 viikkoa vanha pentu, mutta nyt minä olen jo nelivuotias neitokainen. Mikä sinun nimesi on ja kuinka vanha olet?

Missä sinä asut? Veikkaanpa, että elät äitisi ja isäsi kanssa.

Minä asun harmaassa tiilistä ja puusta tehdyssä talossa. Asun ihmisten kanssa. Kutsun heitä äidiksi ja isäksi, sillä he hoitavat minua ja pitävät minusta hyvää huolta. Eiväthän he tietenkään ole minun oikea äitini ja isäni, vaan he ovat pikemminkin kasvattivanhempani. Oikeasti sekin on aivan hienoa, koska he ymmärtävät minua oikein hyvin, kun sanon Miau!

Ehkä ihmettelet, miksi en asu kissaäitini luona. Mutta sellaista kissalasten elämä on. Meidän on muutettava oman kissaäidin luota pois jo pieninä pentuina.

Haluaisitko nyt ottaa minut syliisi ja silittää pörröisen pehmeää turkkiani?

Minulla on sisko ja veli. Veljeni nimi on Bonzo ja hän on aina ollut hurjan rohkea ja vahva. Hän kulki aina meistä ensimmäisenä. Ja arvaapa kuka tepasteli viimeisenä? No, minä tietenkin. Olin pikkuriikkisen ujo.

Bonzo oli meistä myös ensimmäinen, joka muutti pois emon luota. Kerran tuli vieraita ihmisiä käymään meillä ja he kysyivät, halusimmeko leikkiä? Bonzo oli tietenkin niin rohkea, että alkoi telmiä vieraiden kanssa. Sitten vieraat kysyivät Bonzolta, haluaisiko se muuttaa asumaan heille. Bonzo saisi leikkiä heidän kanssaan joka päivä. Tietenkin Bonzo oli tosi innoissaan ja halusi lähteä heidän mukaansa.

Viikkoa myöhemmin sisareni Bella Neve lähti toisen perheen mukaan. Vain minä jäin emon luo. Ja minulla oli kova ikävä sisaruksiani.

Vierähti pari pitkää viikkoa ja sitten olikin minun vuoroni muuttaa uuteen kotiin. Tunsin tulevat kasvattiäitini ja -isäni jo entuudestaan, sillä he olivat vierailleet meillä monta kertaa. Varovasti he houkuttelivat minut leikkeihin, enkä ujostellut heitä enää lainkaan.

Kun sitten olin kolmen kuukauden ikäinen. He tulivat taas vierailulle ja nyt he ehdottivat, että minun olisi aikaa muuttaa heidän luokseen asumaan. Minä vastasin tietenkin "Mii" ja sehän tarkoittaa "kyllä, totta kai haluan tulla mukaan". Olin tosi innoissani, vaikka minua hieman jännittikin ja pelkäsin, että minulle tulisi ikävä rakasta emoani. Mutta uudet kasvattivanhempani lupasivat, että kävisimme joskus tapaamassa emoa.

Niin siis muutin uuteen kotiini ihmisäidin ja -isän luo. Emo katseli hieman surullisena, kun muutin pois. Ennen lähtöäni se vielä pesi minut hirmu puhtaaksi. Se nuoli minut kiireestä kantapäähän, korvannipukasta hännänpäähän asti. Olet varmasti nähnyt kuinka kissat pesevät itseään nuolemalla kostean karhealla kielellään.

Arvaa nolottiko minua, kun emo pesi sellaisella tarmolla. Olisin halunnut näyttää uusille vanhemmilleni, kuinka hyvin osaan pitää huolta itsestäni. Ja silloin emo tulee ja nuolee joka paikasta – tassutkin pesi.

Onko sinusta hauskaa, kun äiti haluaa pestä korvasi – tai tahtoo harjata hampaasi?

PERTTI PIETARINEN

Aurinko helotti kirkkaan siniseltä taivaalta ja oli oikein lämmin myöhäiskesän päivä, kun muutin uuteen kotiini. Kukkaset kukkivat oikein kauniisti kotini pihamaalla. Kaikki näytti niin kauniilta.

Ehkäpä kerron sinulle joku päivä tästä lisää, mutta nyt haluan näyttää, millaista elämäni on aikuisten oikeasti.

Lucy-Kissa Ja Cristiano

Tää päiväni mun on.
Oon joskus vallaton.
Syön ja leikin.
Syön ja leikin.
Sitten nokosille käyn.
Autan äitiä ja isää.
Sitten nukkumaan taas lisää.
Syön ja leikin.
Taas nukkumaan.
Äitiä myös auttamaan.
Kunnes ilta on
ja aika rientää Nukku-Matin luo.

Rakastan äitiä ja isää niin kuin varmasti sinäkin. Siksi haluan aina auttaa heitä kaikissa puuhissa.

Joskus he ovat huolissaan, että minulle sattuu vahinko ja loukkaan itseäni. Mutta tämähän on minun kotini ja minulla on oikeus päättää, mitä teen milloinkin.

Ehkä tiedät, että me kissat olemme hyvin määrätietoisia ja päättäväisiä. Me teemme kodin lopulliset päätökset. Joskus ihmiset ovat itsepäisiä, ja heitä täytyy kouluttaa sitkeästi, että he alkavat totella. Mutta kyllä he oppivat, kun et anna periksi.

Ole vain hellä, rakastettava ja määrätietoinen. Kun ihmiset rakastavat sinua, he eivät voi olla vihaisia, vaikka rikkoisit kristallimaljakon tai jotain muuta.

Välillä sattuu kaikenlaista, jotain voi mennä rikkikin. Mutta sellaista on elämä.

PERTTI PIETARINEN

On hirveän paljon erilaisia juttuja, jotka pitävät pienen kissan kiireisenä.

Vesi on merkillistä.
Se on aivan ihmeellistä.
Mistä se tulee
ja minne se menee?
Sitä ymmärtää en voi.
Hanasta se valuu pois.
Kunpa kiinni ottaa vois.
Ja sitten se taas katoaa.
Tiedätkö missä se asustaa?

Lucy-Kissa Ja Cristiano

Kukkien kastelu on tosi hauskaa. Se on ehdottomasti mielipuuhaani. Aina kun äiti kastelee kukkia, haluan auttaa ja tarkistaa, tekeekö äiti sen huolella. Joskus varmistan asian oikein tassullani. Kyllähän minä tiedän, että äiti hoitaa homman erinomaisesti, mutta on tärkeää tarkistaa asia. Laadunvalvonta on aina tärkeää.

Se minua harmittaa, että äiti yrittää joskus kastella kukat salaa päiväunieni aikana. Se ei ole reilua, eihän?

Lucy-Kissa Ja Cristiano

Minä en pidä sateesta enkä kylmästä. Siksi olen yleensä sisällä. Oikein kauniina ja lämpimänä kesäpäivänä haluan kuitenkin ulkoilemaan. Minua kiinnostaa kovasti tietää, millaista elämä on kodin ulkopuolella.

Minusta on kiva katsella, kun linnut lentävät korkealla sinitaivaalla ja livertävät sulolaulujaan. Toisinaan haluan laulaa niiden kanssa. Onkohan se karaokea? Joskus olen nähnyt vieläpä oravia ja siilejäkin, mutta yleensä ne eivät uskalla tulla kotipihalleni, kun minä vartioin sitä.

Kerran äiti unohti minut ulos kahdeksi tunniksi. Aluksi se oli tosi kivaa, mutta sitten minulle alkoi tulla nälkä. Halusin päästä sisälle, mutta eihän se onnistunut lukitusta ovesta, kun ei minulla ole edes avaimia. Odotin ja odotin ja aloin melkein itkeä. Lopulta äiti tuli päästämään minut sisälle. Arvaa, söinkö hurjasti silakoita ja muikkuja?

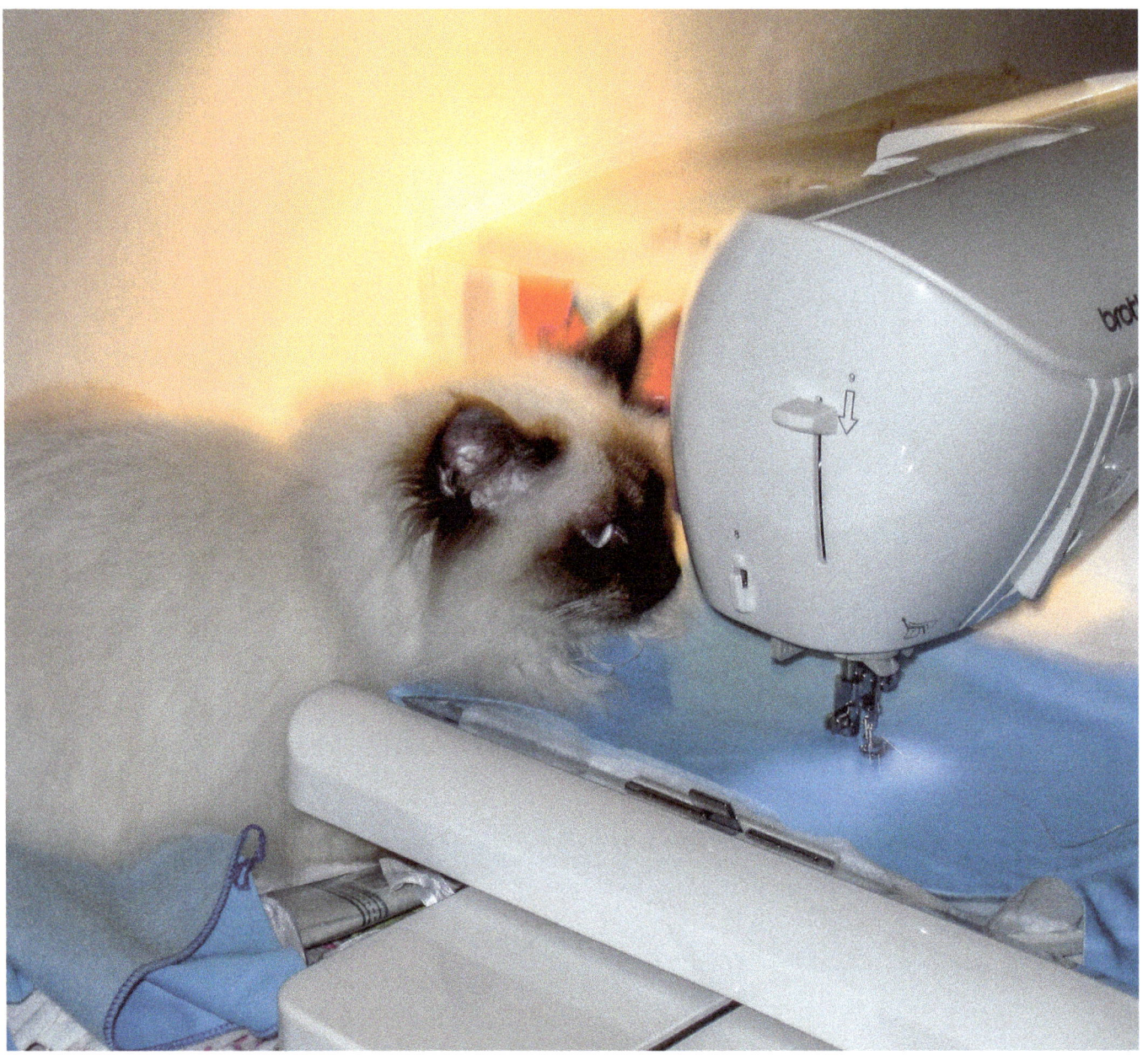

Äiti rakastaa vaatteiden suunnittelua ja ompelua. Voit uskoa, että hän tarvitsee silloin apuani varsinkin ompelukoneensa kanssa. Kone on hyvin mutkikkaan näköinen. Tiedäthän, että olen oikein kiltti tyttö ja haluan aina auttaa äitiä.

Joskus äiti pelkää, että satutan itseäni ompelukoneen kanssa. Siksi hän yrittää työntää minua kauemmaksi koneesta, mutta en anna periksi. Saan kai minä auttaa, jos haluan!

Olen kuullut, että ihmiset lukevat lehtiä ja kirjoja oppiakseen uusia asioita ja myös ihan huvin vuoksi. Joskus olen nähnyt heidän lukevan jopa kissojenkasvatusohjeita sisältäviä kirjoja. Mitä luulet, opinko paljon uusia juttuja, jos nukun kirjojen kanssa? Olisi kiva, jos löytäisin kirjan, jossa opetetaan, kuinka kouluttaa ihmisiä tottelevaisemmiksi.

On hienoa, että saan elää modernissa maailmassa iPadien ja tietokoneiden kanssa.

Joka aamu menen keittiöön isän kanssa lukemaan aamun lehteä hänen iPadiltaan, samalla kun isä syö aamiaista. Yhdessä me luemme lehden alusta loppuun saakka. Minusta iPad on kiva, koska voimme lukea yhdessä.

Vanhanaikaisten lehtien lukeminen oli hankalaa, koska minun täytyi maata lehden päällä, eikä isä silloin voinut kääntää sivuja.

Lucy-Kissa Ja Cristiano

Rakastan tietokoneita. Äidin läppäri on kiva. Se on yläkerrassa hänen työhuoneessaan. Olen oppinut käynnistämään sen, joten isä tietää, milloin olen internetissä, vaikka hän työskenteleekin alakerrassa omalla tietokoneellaan. Vielä minulla on paljon opettelemista varsinkin Google-hakujen teosta, sillä useinkin hakutulokseni on "Tietoja ei löydy".

Jos olen väsynyt, läppärin päällä on kiva ottaa nokoset. Tietokone lämmittää mukavasti.

Mutta nyt on aika herätä ja mennä lounaalle keittiöön. Pitäisiköhän minun syödä nyt kalaa vai maistaa lihaa? Mikä on sinun mieliruokaasi, hampurilainen vai pitsa vai mikä?

Pidätkö juhlapäivistä? Minä rakastan varsinkin joulua. Silloin on oikein hauskaa. Oletko sinä tavannut joulupukkia? Minä olen nähnyt pukin vain telkkarissa, mutta ehkä pääsen vielä joskus hyppäämään hänen syliinsä kokeilemaan hänen partaansa.

Jouluna kaikki on hauskaa, mutta joulukuusi on kaikkein paras asia. Sitä on kiva koristella.

Kuusen latvaan kiipeäminen on kaikkein jännittävintä. Kerran autoin isää kiinnittämään latvatähden. Oli hauskaa kiivetä ylös koristeiden keskellä.

PERTTI PIETARINEN

Yritän aina kiivetä hyvin varovasti, mutta joskus koristeita saattaa tippua lattialle. Kerran kiipesin latvaan oikaisemaan latvatähteä, sillä se oli ihan vinossa. Isä oli minulle hieman vihainen. Voitko ymmärtää, miksi? Minähän yritin vain auttaa. Joskus ihmiset ovat omituisia ja heitä on vaikea ymmärtää.

Lucy-Kissa Ja Cristiano

Löydätkö minut kuusesta?

Jouluna kaikki on kaunista. On niin paljon kukkia, kynttilöitä ja vaikka millaisia koristeita.

Ja joululauluja on hauska laulaa. Voisinkohan liittyä johonkin kuoroon?

Kiireisen päivän jälkeen on aika mennä nukkumaan. Menetkö sinä aina kiltisti nukkumaan, kun äiti pyytää? Joskus minä haluan leikkiä vielä, vaikka valot olisi sammutettu, mutta tänään olin niin väsynyt, että halusin ottaa oman pikku lampaani kainalooni…

Lucy-Kissa Ja Cristiano

… enkä kerta kaikkiaan jaksa pitää enää silmiäni auki.
Hyvää yötä
nuku hyvin
ja
katsele oman kullan kuvia!

PERTTI PIETARINEN

Lucy-Kissa
Osa 2
Lucy-Kissa ja Pikku Veli

Lucy-Kissa Ja Cristiano

Heippa taas!

Vieläkö muistat minut? Minä olen Lucy ja asun ihmisten kanssa, joita kutsun isäksi ja äidiksi, koska he pitävät minusta yhtä hyvää huolta kuin sinun äitisi ja isäsi pitävät sinusta. Asustelen aika lähellä kissaäitiäni eli emoani. Siksi voin vierailla aika usein hänen luonaan.

Tällä kertaa kerron sinulle omasta pikku veljestäni.

Tarinani alkaa eräästä suloisen kauniista ja lämpimästä kevätaamusta, kun menin tapaamaan emoani, jonka nimi on Wade eli tuttavallisemmin Veppu. Aurinko paistoi ja kukat kukkivat kauniina.

Lucy-Kissa Ja Cristiano

Kun näin emoni, hämmästyin suuresti, sillä hänen vatsansa oli paisunut valtavan pulleaksi. Mitä olikaan tapahtunut? Kun kysyin sitä häneltä, hän kuiskasi salaisuuden: Saisin pikkuveljiä tai -siskoja tai kumpiakin. Arvaa, tulinko suunnattoman iloiseksi uutisesta? Aloin juosta ympäri ämpäri huonetta ja loikkasin jopa keittiön pöydälle, jonne minulla ei ollut lupaa mennä. Haluatko sinäkin joskus innoissasi hyppiä sohvalle tai tuolille?

Emo kertoi, että minun pitäisi odottaa vielä viikko, pari, ennen kuin näkisin sisaruksiani. Ehkä saisin nähdä heidät jo seuraavalla vierailullani.

Kymmenen päivää myöhemmin menin taas tapaamaan emoani ja yllätys, yllätys! Mitä sainkaan nähdä? Emoni vieressä makasi pienen pieni kissanpentu. Eipä ollut paljoa hiirtä suurempi. Emoni oli synnyttänyt yhden suloisen pikkiriikkisen pennun.

Emo kertoi, että minulla oli nyt pikkuveli. Kysyin hänen nimeään, mutta emo selitti, etteivät ihmiset vielä olleet antaneet veljelleni nimeä. Tiedät varmaankin, että ihmiset antavat kissoille nimen. No mitäpä siitä, että veljeni oli vielä nimetön. Olkoon hän siis pelkkä Pikku-Veikka.

Pikku-Veikka oli niin pieni ja avuton ja tuntui, että hän saattaisi mennä rikki pelkästä kosketuksesta. Olisin halunnut antaa hänelle oikein märän pusun, mutta en uskaltanut, sillä pelkäsin, että vahingoittaisin häntä.

Hänen silmänsä olivat vielä kiinni ja emo selitti, että kissanpennun silmät avautuvat vasta viikon, parin ikäisenä. En muistanut sitä enää omasta lapsuudestani. Ehkäpä näkisin seuraavalla kerralla, olivatko hänen silmänsä yhtä syvän siniset kuin omani? Minkä väriset silmät sinulla on?

Lucy-Kissa Ja Cristiano

Emo huolehti Pikku-Veikasta kaikin tavoin. Hän otti pikkuisen kainaloonsa, pesi sen turkkia pitkällä, punaisella kielellään ja otti nukkumaan kainaloonsa. Tiedätkö, että kissat ja varsinkin pikku kissat nukkuvat paljon?

Ja emo syötti pikkuista jatkuvasti. Muistan vieläkin oikein hyvin, kuinka herkulliselta emon lämmin maito maistui, kun itse olin pieni pentu.

Lucy-Kissa Ja Cristiano

Viikkoa myöhemmin menin taas isän ja äidin kanssa tapaamaan emoani ja Pikku-Veikkaa. Hänen silmänsä olivat nyt auki ja sinisethän ne olivat. Hän oli niin suloinen. Ihmiset olivat antaneet hänelle nimeksi Cristiano, kuuluisan jalkapalloilijan Cristiano Ronaldon mukaan. Oletko sinä nähnyt Ronaldon pelaavan?

Veljeni Cristiano ei kuitenkaan osannut pelata jalkapalloa. Vielä muutamia viikkoja myöhemminkin hän tuskin osasi kävellä muutamaa askelta enempää. Eivätkö ihmiset olekin kummallisia, antavat sellaisen nimenkin. Tarkoittikohan se, että veljestänikin tulisi jalkapalloilija?

Lucy-Kissa Ja Cristiano

Tässä Cristiano on kuuden viikon ikäinen. Hän on oppinut jo paljon asioita. Nyt hän osaa syödä muutakin kuin emon maitoa. Emoni on opettanut Cristianon syömään terveellistä, tuoretta ruokaa. Me kissat rakastamme erityisesti kalaa ja lihaa. Tykkäätkö sinä terveellisestä ruoasta? Emo on opettanut minulle, ettei kannata syödä liian paljon makeaa.

Minä tykkään hurjasti kermavaahdosta ja jäätelöstä. Ja niin tykkää Cristianokin. Pidätkö sinä jätskistä?

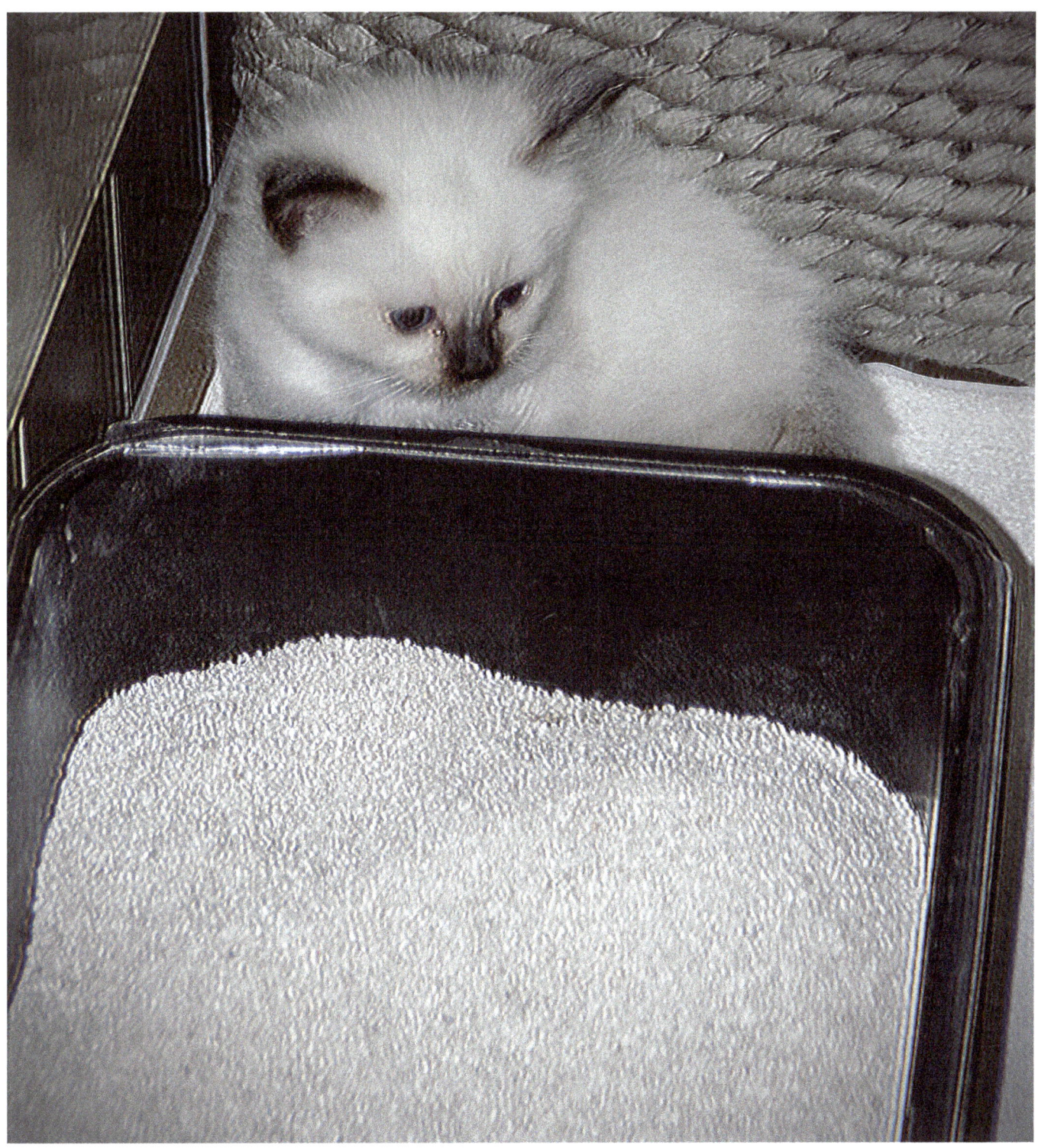

Muistitko pikkuisena mennä vessaan aina tarvittaessa? Aluksi Cristiano ei osannut käyttää kissojen vessaa eli hiekkalaatikkoa, vaan emon piti huolehtia pojan siisteydestä pesemällä hänet joka paikasta.

Mutta muutamassa viikossa emo opetti Cristianon sisäsiistiksi ja nyt hänelle ei enää koskaan tapahdu vahinkoja. Hänestä on tullut oikein vessaekspertti. Hän todella pitää huolen itsestään ja on siitä tosi ylpeä.

Lucy-Kissa Ja Cristiano

Kissanpennun ensimmäisiä opittavia asioita on peseytyminen. Oletko huomannut, kuinka usein kissat peseytyvät? Minusta on hauskaa peseytyä, vaikka se joskus onkin työlästä, mutta siistinä ja puhtaana on ihana olla. Haluan, että turkkini oikein säihkyy puhtautta.

Cristianokin osaa pestä itsensä ihan hännännipukasta korvan tupsuihin saakka. Jopa varpaanvälitkin hän puhdistaa huolellisesti.

Äiti kuitenkin haluaa välillä auttaa Cristianoa ja pesee hänet kiireestä kantapäähän. Ja arvaa mitä, äiti haluaa välillä pestä minutkin. Eivätkö äidit olekin joskus hassuja? Onko sinusta hauskaa, kun äiti pesee kasvosi ja vieläpä korvasikin?

Cristiano haluaa oppia jatkuvasti uusia juttuja. Hän haluaa aina kiipeillä ja kavuta niin ylös kuin pienillä tassuillaan pääsee. Joskus alas laskeutuminen on pelottavampaa kuin kiipeäminen.

Cristiano suorastaan rakastaa kiipeilemistä. On hassua nähdä hänen roikkuvan milloin mistäkin. Vuoteessa hyppiminen vasta onkin hänestä – ja minustakin – tosi hauskaa. Sinäkin varmaan haluat joskus hyppiä sohvalla? Harmi, etteivät aikuiset ihmiset sitä ymmärrä.

Lucy-Kissa Ja Cristiano

Taisin jo mainita, että Cristiano haluaa isona tulla yhtä hyväksi jalkapalloilijaksi kuin kaimansakin. Hän haluaisi olla yhtä kuuluisa ja rikas kuin Ronaldo. Silloin hän voisi ostaa joka päivä kermaa, jäätelöä ja tonnikalaa.

Cristiano katsoi aivan hulluna jalkapallon maailmanmestaruuskisoja. Voisikohan hän mennä pelaamaan jo seuraavissa kisoissa? Mitä luulet? Ehkäpä, jos hän harjoittelee tarpeeksi. Sinäkin pääset vaikka tähtiin, jos todella yrität.

Lucy-Kissa Ja Cristiano

Veljeni rakastaa myös moottoriurheilua. Varsinkin formulakisojen katsominen on hänestä hyvin kiinnostavaa. Cristiano rakastaa vauhtia. Hän haluaisi mennä tapaamaan huippukuljettajia kuten Kimi Räikköstä, Sebastian Vetteliä tai Valtteri Bottasta. Minusta autot ovat pelottavia ja automatkat pitkästyttäviä, koska silloin ei ole mitään tekemistä. On vain oltava paikallaan pienessä kuljetuskopassa, josta ei voi ihailla kunnolla edes maisemia.

Olen opettanut Cristianolle, että hänen täytyy harjoitella ahkerasti joka päivä, jos hän haluaa huipulle ja maailmanmestariksi. Hän kuuntelee kuuliaisesti ohjeitani. Minusta tuntuu, että hän harjoittelee joskus aivan liikaa. Ovatkohan nämä painot liian raskaat hänelle?

Lucy-Kissa Ja Cristiano

Cristiano ei anna koskaan periksi. Hän yrittää ja yrittää, vaikka tehtävä olisi kuinka vaativa. Kuulisitpa hänen murisevan ja naukuvan kun hän käsittelee raskaita painoja. Ehkä hän haluaisi tulla maailman vahvimmaksi kissaksi.

PERTTI PIETARINEN

Eräänä päivänä kerroin hänelle kaskun painonnostajista - ja hän alkoi nauraa mielettömästi. Toisinaan hän tekee kaikenlaisia hassuja juttuja, hyppii ja pomppii kuin pallo tai liukuu päin seiniä, kun ei saa vauhtiaan pysähtymään. Saattaapa hän toisinaan piileskellä nurkan takana ja rynnätä suin päin isosiskon kimppuun ja suorastaan säikäyttää minua. Siitä en pidä, mutta muutoin pikkuveljeni Cristiano on täydellinen kehräävä katti.

Lucy-Kissa Ja Cristiano

Olen kertonut veljelleni, kuinka tärkeää on opiskella jatkuvasti. Olen selittänyt, että ihmisetkin oppivat lukemalla kirjoja. Selitin hänelle, että minäkin luen joka päivä isän kanssa lehtiä ja kirjoja isän iPadilta. No, Cristiano ei vielä jaksa lukea, vaan alkaa kirjan ääressä heti kehrätä äänekkäästi ja nukahtaa tuossa tuokiossa. Ehkä hän jaksaa lukea enemmän, kun kasvaa isoksi pojaksi.

Rakastan veljeäni tosi paljon. Cristiano ihmettelee, miksi minä olen niin paljon suurempi kuin hän. Tietysti minä olen isompi, koska olen iso sisko. Onko sinulla siskoja tai veljiä? Ovatko he suurempia vai pienempiä kuin sinä? Sinä varmasti rakastat heitä.

Lucy-Kissa Ja Cristiano

Cristiano kuiskasi minulle salaisuuden. Arvaatko, mitä hän sanoi? Hän kuiskasi niin ihanan suloisesti: Rakastan sinua Lucy-kissa.

Eikö hän olekin söpö? Täydellinen kehräävä kattiveljeni. Hänellä on yhtä siniset silmät kuin minulla. Meillä Pyhillä Birmoilla on aina siniset silmät.

Lucy-Kissa Ja Cristiano

Minusta on hauskaa leikkiä veljeni kanssa, mutta minun täytyy olla hyvin varovainen, etten satuta häntä.

Onpa tänään ollutkin kiireinen päivä pikkuveljeni seurassa. Hän on ollut jo kauan nukkumassa ja minunkin silmäluomeni painuvat väkisin kiinni. Ehkäpä näen unta tulevista päivistä Cristianon kanssa.
Hyvää yötä!
Nuku hyvin!
Ehkäpä sinunkin unelmasi toteutuvat eräänä päivänä.

www.ingramcontent.com/pod-product-compliance
Lightning Source LLC
Chambersburg PA
CBHW062025050526
44107CB00105B/912